Starke Worte für starke Menschen

Ausgewählte Lebensweisheiten

4. Auflage Dezember 2014

© Alle Rechte vorbehalten.
Das Werk darf – auch teilweise – nur mit Genehmigung der Autorin wiedergegeben werden.

Umschlaggestaltung & Layout:

Birgit Johanna Frantzen,
Gerrit Garbereder

Zeichnungen:
Birgit Johanna Frantzen

www.Starke-Einfaelle.de

Herstellung und Verlag:
Books on Demand GmbH,
Norderstedt.
Printed in Germany

ISBN   978-3-7347-4447-1

Inhaltsverzeichnis

Gedanken	7
Lebenserfahrung	11
Kritik	19
Macht	25
Krise	31
Stärke	37
Ziele	47
Erfolg	53

Starke Worte für starke Menschen

Gedanken

Gedanken

Umschlossen von Bergen
in der Tiefe des Tales
füllt er sich, der See.

Aus den schillernden Farben
des Seegrunds und des Himmels
entfaltet er seine Pracht
und verleiht sich selbst
die Stärke seines Ausdrucks.

So wie der Bergsee sich füllt,
mit dem was ihn umgibt,
füllen sich meine Gedanken
und geben sie wieder.

Die Ruhe und die Stille
des Sees nehme ich in mir auf.
Lasse die Gedanken
über ihn hinwegschweifen.

Besinne mich der Dinge,
die ich habe erleben können.
Halte sie bewusst und innig fest,
vereine sie und
schreibe sie nieder.

***

Gedanken

Beim Schreiben kannst du
deiner Seele und deinen Gedanken
freien Lauf lassen und dabei Schönes,
Wichtiges und Eindrucksvolles
für dich selbst und deine Mitmenschen
festhalten.

***

Die Welt ist so riesig. Und doch
kann etwas Großartiges dabei
auf den Punkt gebracht werden.

***

Du hast nur ein dir bewusstes Leben,
darum frage in der zweiten
Lebenshälfte nicht lange nach dem
Sinn und Zweck deiner Taten – handle!

***

Gedanken

Jeder Tag ist einzigartig
und wertvoll an Erfahrung,
so wie die Menschen,
die dir begegnen und
in dir auf individuelle Art
ihre Eindrücke hinterlassen,
um dein Leben auf
vielfältige Weise zu bereichern.

*****

Starke Worte für starke Menschen

Lebenserfahrung

Lebenserfahrung

Alles, was geschieht
hat einen Grund.
Erst wenn du dir
dessen bewusst wirst,
wird dich diese Erkenntnis
auf einen neuen Pfad leiten.

Du erkennst selbst,
was gut und weniger gut
für dich ist.

Egal was das Schicksal
mit dir vorhat
und über dich
geschehen lassen wird;
erkenne die Zeichen für eine
längst anstehende Veränderung,
eine Veränderung in dir.

***

Lebenserfahrung

Stelle dich deinem Leben
so wie es dir begegnet,
nehme es an
mit seinem ganzen
Für und Wider,
ziehe aus ihm Lehre,
Erfahrung und Weisheit,
betrachte es als etwas Besonderes
und Außergewöhnliches
deiner Selbst.

***

Schön, dass das Leben bunt ist
und seine Vielfältigkeit zeigen kann.

***

Höhen und Tiefen
gehören zum Reifeprozess
eines jeden Lebens.
Es liegt an uns selbst,
ob wir sie in Bürden oder
Glückseligkeiten verwandeln.

***

Lebenserfahrung

Nichts solltest du dem Zufall
überlassen,
doch der Zufall will es,
dass Dinge geschehen,
die du nicht beeinflussen kannst.

***

Die inneren Werte des Menschen
sind nachhaltiger,
alleine schon deshalb,
weil sie die äußeren
um Zeiten überleben.

***

Bleibe dir selbst treu.
Lasse dich nicht durch Widersacher
von den Plänen deines für dich
bestimmten Weges abbringen.
Menschen die dir nur mit Intoleranz
und Missgunst begegnen,
versuchen nur dir und
deiner Entfaltung zu schaden.

***

Lebenserfahrung

Veränderungen, die uns begleiten,
sind das was das Leben ausmacht.

***

Einer, der sein Lebensziel
nur in der Erfüllung
seiner Arbeitspflichten sieht,
dem entgeht die wunderbare
Vielfalt des Lebens.

***

Der Mensch wird nur durch
seine Lebenserfahrung zu dem
was er ist und darstellt.

***

Geist und Wesensart eines
Menschen sind eindrucksvoller
als alles, was er äußerlich vorgibt
an Wert zu besitzen.

***

Lebenserfahrung

Nur die Menschen leben
im Einklang mit sich selbst,
die ohne Neid und Missgunst
anderen gegenüber mit Verständnis
für ihr individuelles Denken
und Handeln begegnen,
sowie Offenheit und
Toleranz besitzen.

***

Schaue einem Menschen
ins Gesicht, und du kannst
seine Lebensgeschichte lesen.
Betrachte seine Handschrift,
und du erkennst seine Wesensart
und Lebenseinstellung.

***

Du lebst nicht um zu sterben,
sondern du stirbst
zwangsläufig einmal,
weil du gelebt hast.

***

Lebenserfahrung

In den ersten fünf Jahrzehnten
muss der Mensch genügend
Erfahrung und Weisheit sammeln,
um sie in weiteren Jahrzehnten
endlich in Taten umzusetzen.

***

Wenn alle Menschen
in der Lage wären
die Körpersprache und Handschrift
ihrer Mitmenschen zu analysieren,
käme manche Begegnung
und Konversation
wohl niemals zustande.

***

Keiner ist in der Lage,
sich vor ungewollten Situationen
gänzlich zu schützen.
Es liegt an uns selbst,
sie zuzulassen oder
ihnen entgegenzuwirken.

***

Lebenserfahrung

In Zeiten, wo sich die Welt,
der Mensch und die Natur
drastisch verändern,
ist es wichtig,
dass du Oasen findest,
in denen du in dich gehst
und auf dich besinnst.

Hole aus dir selbst die Kraft,
um mit positiver Energie
jeden weiteren Tag deines Lebens
wertvoll zu gestalten.

Befreie dich vom äußeren Druck,
lege bewusst Pausen ein,
um dich gesund zu halten.
Nur so kannst du lange
die schönen Dinge des Lebens
wahrnehmen und genießen.

*****

Starke Worte für starke Menschen

Kritik

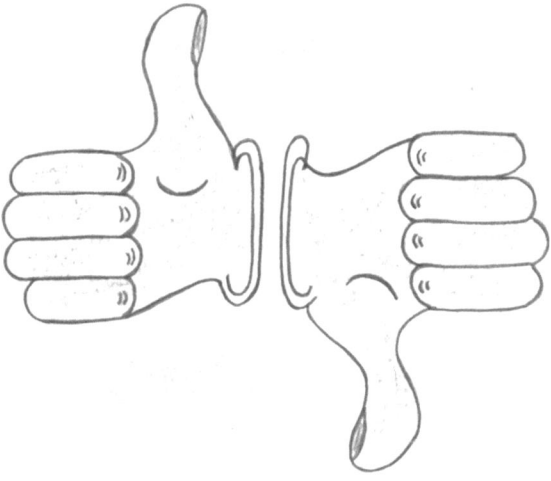

Kritik

Kritik dir gegenüber
gibt dir die Zeit über
dich selbst nachzudenken.

Kritik bietet dir die Chance der
Veränderung und Erneuerung.
Kritik verschafft dir die Möglichkeit
dich mit deinem Handeln
und deinen Mitmenschen
konstruktiv auseinanderzusetzen.

Kritik lässt dich mit der Zeit gehen
und prägt deinen Charakter.
Kritik zeigt, dass du in den Gedanken
der anderen aktiv weiterlebst,
dass sie ein wahres Interesse
an dir, deinem Sein und
deinem Handeln haben
und du für sie wichtig bist.

Kritik kann dich vor Unheil bewahren
und dir wahren Erfolg bescheren.
Sieh Kritik immer als etwas Positives
und nimm diese getrost an.

***

Kritik

Kritik ist das beste Mittel,
um an sich selbst zu arbeiten.

***

Nur durch die Kritik
uns gegenüber
können wir in uns gehen und
unser Sein und Handeln überdenken.

***

Konstruktive Kritik
zeichnet sich im Besonderen
durch die Form eines guten Stils aus.

***

Kritik dir gegenüber ist
etwas sehr Positives,
jedoch die deiner Neider
betrachte kritisch
und mit Distanz.

***

Kritik

Bewahre dir jederzeit deine
Urteilskraft,
erhalte dir unabhängig des Anlasses
deine uneingeschränkte
Kritikfähigkeit,
und es wird nicht nur dir von Nutzen
sein.

***

Kritik ist etwas Unabdingbares,
das einem Menschen
zur Wesensbildung und zu
wichtigen Erkenntnissen verhilft.

***

Wichtig im Leben ist,
dass du zu dir selber stehst,
damit du mit der Kritik
anderer dir gegenüber
umzugehen weißt.

***

Kritik

Kritik ist im Leben etwas
Unerlässliches,
im Besonderen für die Menschen,
die glauben vollkommen zu sein.

*****

Starke Worte für starke Menschen

Macht

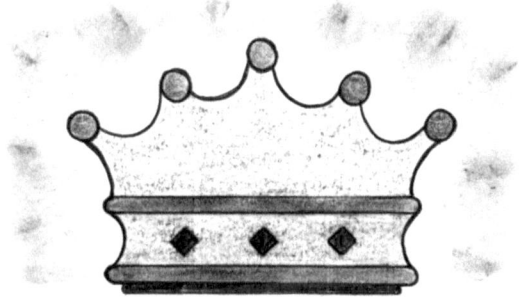

Macht

Macht des Glaubens,
Macht des positiven Denkens,
Macht des Wissens,
Macht der Herrschaft.

Macht hat viele Facetten -
erdrückende wie belebende.
Macht im gesunden Maße
kann ein Segen sein,
doch in dogmatischer Form
zerstört sie nur Mensch,
Tier und Natur.
Letztendlich sich selbst!

Bedenke –
die größte Macht hat dein Körper
durch die Macht seiner Gesundheit.
Ohne sie ist alle Macht verloren.

***

Macht

Das Streben nach Macht
fordert oftmals den
hohen Preis der Selbstaufgabe.

***

Ruhm, Macht und Reichtum
sind die größten Feinde
des menschlichen Charakters.

***

Bei allem Machtstreben
sollte die Zeit für sich und
die Besinnung auf sich selbst
nicht fehlen.

***

Die Menschen,
die von sich und ihren Taten
positiv überzeugt sind,
haben die Macht,
ihre Mitmenschen mitzureißen.

***

Macht

Manche Menschen glauben
nur durch ihr Wissen
und Streben nach Macht
die nötige Anerkennung zu erlangen.
Dabei sollten sie sich besser
beizeiten ihrer selbst besinnen,
ehe es zu spät ist.

***

Wer das eigene Machtstreben
in Grenzen zu halten weiß,
der kann sich selbst und andere
vor dem Schlimmsten bewahren.

***

Macht ist nicht ausschließlich
an Wissen und Können geknüpft,
vielmehr noch zeichnet sie sich
durch die Art der Selbstdarstellung
aus.

***

Macht

Macht alleine
vermag den Menschen
nicht glücklich zu machen.

***

Das Streben nach Macht
kann zu einer Form
der Sucht werden,
bei der du nur dich
selbst im Vordergrund siehst
und dir jedes Mittel recht ist,
um diese Macht zu erhalten.
Nicht selten kehrt sich diese um,
mit fatalen Folgen für dich und die,
die unmittelbar davon betroffen sind.

***

Macht

Es gibt Menschen,
für die ist die Macht,
die sie ausüben,
eine Art Selbstbestätigung
für Dinge,
die ihnen durch andere
nicht in genügendem Maße
zuteilwerden.

***

Nicht nur Können ist Macht,
Schlagfertigkeit und
Kreativität stehen dem
in nichts nach.

***

Macht verleiht einem Menschen
besondere Stärke
und raubt dabei
nicht selten Charakter
und Menschlichkeit.

*****

Starke Worte für starke Menschen

Krise

Krise

Krise ist der Kampf
mit dir selbst,
mit deinem inneren Ich.

In ihr zeigt sich
dein wahrer Glaube,
dein fester Stand zu dir
und deinem Handeln.

In der Krise zeigen sich ebenso
deine wahren Freunde,
ob sie auch dann zu dir halten
und zu dir stehen,
wenn du dich nicht auf
dem Gipfel des Erfolges befindest.

Eine Krise ist die
Herausforderung deiner Selbst.
Sie alleine hat das
Schicksal in der Hand,
zwischen Triumph und Verfall.

***

Krise

Krisen gehören zu den
Stationen des Lebens.
Sie bringen uns
wichtige Erkenntnisse,
geben uns neue Impulse
und zwingen uns
eingefahrene Wege
nutzbringend zu verändern.

***

Krisen sind Chancen,
um sich auf neuen Wegen
mit neuen Ideen einer
Herausforderung zu stellen.

***

Versuche schwierige Situationen,
die dir bevorstehen
mit Gelassenheit zu begegnen,
und du wirst überrascht sein,
mit welcher Leichtigkeit
du sie gemeistert hast.

***

Krise

Jeder Mensch muss mindestens
einmal in seinem Leben einer
bitteren Erfahrung entgegentreten,
um zu der Erkenntnis zu gelangen,
dass die wahre Vollkommenheit
noch auf sich warten lässt.

***

Wenn deine Wünsche
nicht in Erfüllung gehen,
nehme es gelassen hin
und sei froh,
dass du den Mut hattest,
es versucht zu haben.

***

Kreative Menschen sehen Krisen
als willkommene Herausforderung an,
ihre Ideen und Schaffenskraft
unter Beweis stellen zu können.

***

Krise

Wenn im Leben
alles glatt liefe,
hätte der Mensch
keinen Grund mehr
sich anstrengen zu müssen.

***

Krisen sind mit Wettkämpfen zu
vergleichen. Kurz vor dem Ziel musst
du nochmals dein Bestes geben.

*****

Starke Worte für starke Menschen

Stärke

Stärke

Die Stärke eines Menschen
zeigt sich:

Indem er in prekären Situationen
den Überblick behält,
im Kampf des Erfolges
innere Kräfte mobilisiert,
seine Gegner mit Verstand,
Schärfe und Schlagfertigkeit
in Schach hält,
in kritischen Lagen
über sich hinauswächst
und mit der Macht der Ruhe
geniale Lösungen findet,
um seine Ziele
mit Strategie und Perfektion
im Kampf des Erfolges zu erreichen.

***

Stärke

Bleibe wie du bist,
stehe zu deiner Art des Seins,
handle intuitiv,
so wie du handeln musst,
glaube fest und unnachgiebig
an deine Fähigkeiten
und du wirst unschlagbar sein.

***

Wenn du für alle Eventualitäten
deiner Lebenslagen gewappnet bist,
brauchst du dir um dein Handeln
keine Sorgen mehr machen.

***

Gehe stets mit einem klaren Blick,
mit einem wachen Verstand,
mit einem offenem Ohr,
mit einem freundlichen Wort
und einem gutem Buch
in den Tag hinein,
und du wirst reichhaltig
belohnt werden.

***

Stärke

Sei von dir und deinem Können
überzeugt, dann kannst du
mit dem Sein der anderen
weitaus gelassener umgehen.

***

Wichtig auf deinem
Lebensweg ist,
dass du deine Stärken
erkennst und nutzt,
um an deinen Schwächen
zu arbeiten.

***

Menschen, die Intuition und
einen ausgeprägten Instinkt besitzen,
haben die Gabe,
schon weit vor den anderen
zu wissen, was sie erwartet.

***

Stärke

Im Leben solltest du einmal imstande
sein, etwas Außergewöhnliches zu
vollbringen.

***

Es will gelernt sein
Dinge auszusitzen,
bei denen du sehnsüchtig
auf Erfüllung hoffst.

***

Sich selbst objektiv zu betrachten
ist schon eine Kunst.

***

Versuche im Leben immer
nach deinen inneren,
goldenen Regeln zu leben.
Nur so zeigst du Stärke
und wirst dir selbst gerecht.

***

Stärke

Tatsachen solltest du
unausweichlich ins Auge schauen,
egal ob sie sich dir als
Herausforderung oder als
Geschenk präsentieren.

***

Es müssen wohl außergewöhnliche
Menschen sein,
die die Stärke besitzen,
die Fehler anderer
verzeihen zu können.

***

Einer, der glaubt
über andere Menschen
urteilen zu können,
sollte ebenso imstande sein
ein klares Urteil
über sich selbst zu fällen.

***

Stärke

Nur eine exzellente Menschenkenntnis
kann dich vor den fatalen Folgen einer
Fehleinschätzung bewahren.

***

Nehme dich selbst
genauso wichtig und ernst
wie deine Mitmenschen.

***

Es ist schon eine Kunst für sich,
anderen Menschen
mit Toleranz zu begegnen.

***

Viele Taten erfordern rasches Handeln,
doch die wahren Taten
ruhen in sich,
um sie auf geniale Weise
nach außen hin wirken zu lassen.

***

Stärke

Zur charismatischen Ausstrahlung
eines Menschen gehört neben
einem hohen Maß an Wortgewandtheit
auch eine große Souveränität
den Mitmenschen gegenüber.

***

Stärke zeichnet sich durch
die Umsetzung deiner Begabungen
und Fähigkeiten, sowie
deinem Können und Wissen aus.

***

Mut ist ein Zeichen der Stärke.
Nur wenige Menschen besitzen diesen,
um anderen in außergewöhnlichen
Situationen bedingungslos zu helfen –
oftmals unter Gefahr des eigenen
Lebens.

***

Stärke

Leben ist nicht nur stark.
Leben macht stark.

***

Die Stärke eines Menschen zeigt sich nicht alleine durch seine Redegewandtheit und sein Denken, sowie durch sein Handeln und die Macht der Führung aus,
sondern vielmehr durch seine Ausgeglichenheit und Loyalität den Mitmenschen gegenüber und dem Mut einmal selbstlos über sich hinauszuwachsen, indem er Liebe und Trost spendet.

*****

Starke Worte für starke Menschen

Ziele

Ziele

Wünsche und Träume
sind der Beginn deines Ziels.

Ziele solltest du
immer in dir tragen,
mögen sie noch so fern sein
und dich innerlich
zweifeln lassen,
sie tatsächlich zu erreichen.

Lasse dich weder durch Irrwege
noch durch Rückschläge
von deinen Zielen abhalten.

Nur Menschen, die diese
bewusst in sich tragen,
haben das Potential
Visionen in Taten umzusetzen.

***

Ziele

Der Abschied ist nicht
das Ende eines Weges,
sondern der Beginn
einer neuen Tat.

***

Die wenigsten Menschen besitzen
die nötige Beharrlichkeit,
die zum Erreichen gewisser Ziele
unabdingbar ist.

***

Ziele solltest du dir immer
in Vollendung vorstellen
und bestrebt sein, sie zu erreichen.

***

Die Erfüllung deines Ziels vermagst
du nur dann zu wertschätzen,
wenn du um dieses
hast kämpfen müssen.

***

Ziele

Rückschläge solltest du nicht
als Misserfolge werten,
sondern als segensreiche Pausen
auf dem Weg
zu einem großen Ziel.

***

Ein Ziel hat viele Wege,
auf denen uns unvorhersehbar
Hindernisse begegnen.
Doch gerade die sind es,
die in uns die Vielfältigkeit
zu wecken vermögen.

***

Nur der, der von sich und
seinen Leistungen überzeugt ist,
ist in der Lage
seine Ziele zu erreichen.

***

Ziele

Die glücklichsten Ziele sind die,
die der Mensch nicht
mit aller Gewalt
versucht zu erreichen.

***

Wer sich ein hohes Ziel auf der
Karriereleiter gesteckt hat,
der sollte wissen,
wann er die letzte Sprosse
betreten hat.

***

Es gibt kein besseres Fundament
mit dem Vorsatz des Zieles,
als von einer Sache
felsenfest überzeugt zu sein.

***

Ziele

Die Offenbarung wichtiger Dinge erfordert manchmal Aufschub.

***

Der Glaube mag rechtschaffen sein, doch erst die Überzeugung ist vollkommen.

***

Setze dir ein Ziel und erfülle es.

*****

Starke Worte für starke Menschen

Erfolg

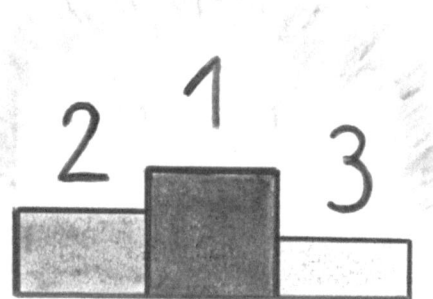

Erfolg

Erfolg ist die Vollendung
deines Ziels.

Es ist ein harter Kampf,
ein Kampf zwischen
Höhen und Tiefen,
mit Herausforderungen,
die dich an den Rand deiner
Kräfte und Fähigkeiten bringen.

Der Erfolg, er lässt dich zu einem
echten Kämpfer werden.
Kein Aufgeben, keine Resignation,
sondern
Standfestigkeit und Durchhalten
sind die Worte des Sieges.

Erfolg ist die Krönung
deiner Schaffenskraft,
der Stolz deines Lebenswerks.

***

Erfolg

Erfolgreich
kann nur derjenige sein,
der den festen Glauben
an sich selbst behält
und von sich und
seinen Leistungen
überzeugt ist.

***

Ein Chef, der seine Mitarbeiter
aus Überzeugung heraus
zu begeistern vermag,
braucht sich um seinen Erfolg
keine Sorgen machen.

***

Erfolg

Auf dem Weg zum Erfolg
solltest du jede Chance nutzen
und nichts unversucht lassen.

***

Erfolge,
die erst nach Beschreitung
steiniger Wege eintreten,
haben einen weit höheren Wert.
Obwohl für sie mehr Energie
und Zeit aufgewendet werden musste,
ist ihr Bestand fester;
alleine schon deshalb,
weil sie länger reifen konnten.

***

Erfolg

Menschen, die wenig reden,
nehmen sich weitaus mehr Zeit
zum Denken und Handeln,
im Gegensatz zu denen,
die unentwegt sprechen und
vor lauter Redseligkeit
das Meiste vergessen,
dass sie zum Handeln
hätte bewegen können.

***

Einer, der in schwierigen Lagen
seinen Humor behält,
in ausweglosen Situationen
seine Kreativität unter Beweis stellt
und in ernsten Stunden
seine Fantasie nicht verliert,
der besitzt die Kraft aus Niederlagen
Erfolge werden zu lassen.

***

Erfolg

Ein Mensch,
der von sich selber glaubt
der Mittelpunkt der Welt zu sein,
erntet bei weitem nicht die
Aufmerksamkeit und den Erfolg,
als derjenige, der stattdessen
mit segensreichen Taten
aufwarten kann.

***

Oftmals sind nur die Frauen der wahre
Garant für den Erfolg ihrer Männer,
indem sie durch ihre unerschöpflichen
Energien für diese zur täglichen
Kraftquelle werden.

***

Großartige Dinge sind nur
mit kühlem Verstand zu vollbringen.

***

Erfolg

Die Zauberkraft des Erfolgs
liegt in der Motivation und
Begeisterung des Chefs
seinen Mitarbeitern gegenüber.

***

Manager müssen von Berufswegen
schon eine gewisse Härte mit sich
bringen.
Doch sollte sie einmal Herz und Gefühl
aus der Bahn werfen,
brauchen sie sich selbst dann
um den Verlust ihrer Sympathien
keine Sorgen machen.

***

Bestehe auf deine Rechte,
achte die Tugend der
Ehrlichkeit und Wahrheit,
nur so steht deinem Erfolg
nichts im Wege.

***

Erfolg

Nur durch Tatendrang
und klare Zielvorstellungen
lässt sich Erfolg ernten.

***

Gute Laune und Frohsinn
sind der Grundstein
eines erfolgreichen Tages.

***

Es hat schon einen triftigen Grund,
weshalb Menschen mit zunehmender
Verantwortung an körperlicher Fülle
zunehmen.
Bedenke - selbst Burgen und Schlösser
hatten zum Schutz vor Angreifern
bereits stattliche Festungen.

****

Danksagung

Meiner Familie gilt ein besonderer Dank, da sie mir die Kraft und die Stärke gegeben hat, um dieses kleine Werk zu vollenden.

Ebenfalls möchte ich mich bei Gerrit Garbereder für die professionelle Erstellung des Layouts bedanken.

Starke Worte für starke Menschen

Die Autorin

Geboren 1960
lebt mit ihrer Familie in Aachen

Starke Worte für starke Menschen

Mein weiteres Buch

Gedanken aus der Fülle des Lebens

In diesem Buch befinden sich sowohl tiefgründige, als auch amüsante Sprüche, die aus Erlebnissen und Erfahrungen meines vielseitigen Lebensalltags heraus entstanden sind.

BoD Verlag 2014
ISBN: 9-783-7347-4450-1

www.Starke-Einfaelle.de